Komialta näyttää

1

Lukijalle

Kalajokilaakson murre oli lapsuuteni kieli runsaan viiden vuoden ajan (1956-1961), jolloin asuin Alavieskan Taluskylässä.

Murteen merkitys ja muistikuvat lapsuuden kielestä nousee esiin sukulaisten ja tuttavien tapaamisissa. Erityisen herkullisia sanallisia hetkiä olen kohdannut isäni serkun kanssa rupatellessa.

Kirjoittaessani murresanoilla, teksteihin vapautuu hilpeyttä, jota yleiskielellä kirjoittaessani en luontaisesti saa esiin.

Tämän kolmannen murrerunokirjani kieliasua on runo runolta tarkastellut *Pirkko Isokääntä*, jolle jälleen lämmin kiitos avusta kompuroidessani paikallisten, usein kyläkohtaisten murresanojen parissa.

Nautinnollisia hetkiä Komialta näyttää -kirjan runojen äärellä.

Mauri Laakkonen

Komialta näyttää

Kuvat ja taitto: Mauri Laakkonen

© 2019 Laakkonen, Mauri
Kustantaja: BoD – Books on Demand, Helsinki, Suomi
Valmistaja: BoD – Books on Demand, Norderstedt,
Saksa
ISBN: 978-952-80-0813-2

Mauri Laakkonen

Komialta näyttää

runoja Kalajokilaakson murteella

Komialta näyttää

Kokkoonnuttiin
ryhymänä
eläkeläiset
päiväkahaville

Otettiin ankkastokasta
pala ja kastettiin
ko ennen vanahaan ja
piti lukia

Tehtävä oli hupasa
oli vaarilta monta runua

Ja kahavi maistu
se oli hyvvää

*I*stuimma kökkäpiirisä
ja kujottiin sukkia
ihan pässinpökkimiä
ja komioilla raijjoilla.

Varteen kymmenen kerrosta
ressooria joustua antaan,
ja kaksinkertanen kantapää,
on pehemiämpi astua.

Puikoisa heliä kilikatus
ko pässin kellosa
kesämehtäsä laijjuntaisa,
on se hupasta soittua.

Aateltiin kutua palijo,
koko talavi kökätä
ja saa sanua
että komiaa jäläkiä tullee
ko vieskan akat kuttoo.

*L*ipsahti, kahesti,
ruma sana
härveli

Ko osti kutomakonneen
piisinmuuraajan akka,
mokoman härvelin
josa langan solomut kiusana

Härveli
vetua vasemmalta oikialle
ja takasi

Villamekkua se akka.

Tekkee nii
ettei muuta tohi
ees aatella.

Vaan eipä tiijjä
että kutiaa se mekon saaja

Voi tulla harmia

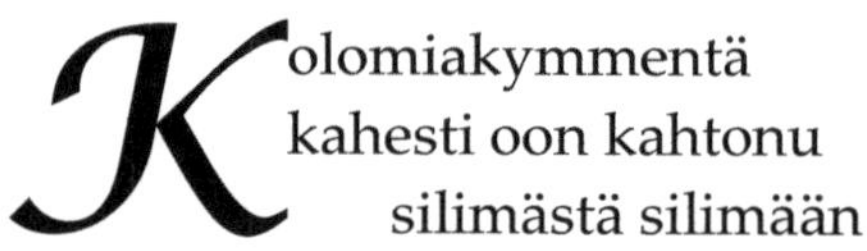

Kolomannesti
se harvon on mahollista
    ko olis jo yheksänkymmentä

Sattaan
ossaan laskia
liekkö sinne asti ellää on mahollista

Vuojen pääsä
on yks lissää
    vanahan vaivona

Ikähaitari
soi ko maniska
    entisaikona

*I*stahin miettimään
räknäsin päiviä
elettyjä ja eesä olevia
enkä nähänyt mittään
kummallista

Raatasin monasti
monelle
jopa kopiasti
vähä niinkö nokka pystösä
kehuskellen
ihtiä ja tehtyä

Ko hoksasin hölömöyteni
oliki jo myöhästä

Leuhka
joutuu nöyrtymään

Pyyvvän anteeksi

*K*ehenua se on rypiä
ihtesäälisä vuojesta toiseen
ja uikuttaa epäonnia
ja kovvaa kohtalua,
jos ei ees yritä tehä mittään
elämäsä etteen.

Pittää ihte yrittää
hakia ratkasuja
jotta pärijää.

Elämä ei ole heleppua
eikä pijäkkään olla.
Makia elämä ei tuu
iliman taitua
ja uhurauksia.

Kohtuuvella ja
kohta kirkkaana
iliman vilippiä
se on elettävä
ja kulijettava
tämä elämä.

Ihte et päätä
päivies pittuutta
ekkä sisältyä.

Ko aurinko nousee
ja tien valasee
on lähettävä matkalle,
kulijettava se sääjetty aika
josa ei kahtota kellua.

Tiijjät kyllä
ko oot perillä.

Mehtään menin
ihan oikiaan vanahaan mehtään

Kahtoin kelua
pystöön kuivannutta konkelua
tikan kolloihin jääneitä
kävyn jämiä

Polokua kulijeksin
ihhailin kalliua
närreitä sen laella
ja lahua ikivanahaa kantua

Kuusten oksisa roikkuu
naavapartoja
ihan on ko satua
kuullesa luonnon huokailua

Melekone velemu
ja totinen tosi
menivät mehtään

Toinen kurkki rungon takkaa
ja toinen vahtaa taivasta
ja sannoo, alakaa sattaa

Toinen satteesa taivasalla
toinen piilosa oksien alla
kastuvat molemmat ulukosalla

Märiseen alakaa märempi
kurkkii rungon takkaa kuivempi
on suojasa parempi

Velemu kahtoo totista
tuuppa essiin piilosta
tää on unta, älä ota tojesta

Totinen tosi
ja melekone velemu
lähtivät mehtästä
vaan palasivat ussein
kertovat juttua menneestä

*R*upiaa jo aamusta
kelijuttaan nuo satteet,
alavariinsa vuotavat rännit
ja vettä joka paikasa
enämpi ko tarpeeksi.

Eilen kahalasin pimiällä
kartanolla lammikosa, vahingosa
kengät ja sukat kastu,
kylymä tuntu ihan nilikoisa,

nyt nuhhaa pukkaa.

Lupasi hienua talavisäätä

lumen tulua
ja hyvvää hihtokeliä.

Vaan toisin kävi.

Pellot muralla,
tiet kuralla
eikä talavesta tietuakaan.

Ei aurinkua,
vaan ikkuista harmaata
taivaan rantaan asti.

Yksi lohtu talavihullulla on.

Pohojanmaan kossi
kahtoo talaven iloja
telekkarista
ko Keski-Euroopasa saa
hihtää Alapeilla

Se oli tirpalla
ettei osunu ohtaan
ko jääpuikko tipahti
talon rästäältä

Me akan kanssa kävelimmä
jouten nurkisa ja vahattiin
akkunoijjen kuntua
ko helähti jäätikku nokan etteen

- Raato ko melekeen osu,
sano muija ja tarras kiinni
haalarin hihaan ja vahtas ylös
tulleeko lissää

Kahtottiin toisiamma ja
purskahettiin nauruun,
hörötettiin niin kovvaa ja komiasti
että naapurikin tuli kahtomaan

Se noitu hetken rappuilla
ja pyöritteli päätään
kunnes katosi tuppaan.

Jäätiin sitte taas kahen.

*P*akasella rillit huurusa
suu mutrusa

vähä se menua haittaa
ko ei nävy
ko harmajia hahamoja
talua vasten

En ilikiä purnata
vaikka mieli tekkee

onha tämä kylymä hankala kaveri

autonki akkunoita
pittää raapia

että ees vähä

näkis

*L*atua kahton
    sen rästäitä vahtaan
ihhailen jääpuikkoja
kevvään auringosa
sullaa vettä tihkuvia
kimaltavia pisaroita
niskaan tippuvia

Menneen talaven pakasilla
rästään alla kävi orava
maasa,
käpyjä piilottamasa,
saa sitte kätköjä penkua
ko tullee näläkä,
kovvaa on elläimen elämä

Siinä rästään alla
seinän vieresä
on mukava säätä kahtua
paisteesa kevättä
ja kessää ootella

ko alakaa pääskyset
pessäänsä rakennella

Komia on talavi
palijo aurinkua
ja lunta, kestohankia
tillaa, avaraa peltua
harrastaa hihtua
ja mehtäsä tehä latua,
mäkiä laskia ja
illan hämäräsä väistellä
närreitä

Porstuasa läjä monoja
ko porukka pittää taukua
tuvasa
ryystää motista
kuumaa puolukkamehua
sormisa pala nisua

Hihtojuhula menosa
tohtii täsä jo ootella
palakintua
kunniakirijaa suorituksesta

K ahtelen pihhaa
ja kiruan
ussein sajattelen
lumen tulua
ko ei meinaa loppua

kinokset jo rästäisiin asti
saa aitan katolta
kartanolle mäkiä laskia

No on sentään tuota
pulukkamäjen ilua
ko ei oo pohojanmaalla
montaa kumpua luonnosa

Kevväällä ko lumi sullaa
ootamma harmeja
ko on tuluvavettä
joka paikasa

Jokku löytää siitäki ilua
tykkää uija kylymäsä veesä,
ne samat jokka
tykkää talavella
saunan jäläkeen kieriä
pakaslumesa

*T*aivas repiää
ko ukkonen tullee ja
alakaa vettä sattaa
ja vällähyttelee salamaa
tullee kiire tuppaan
josa pijämmä sajetta

Satteen jäläkeen
on puhas ilima
ja linnukki alako
laulaa

Onhan se komiaa
kahtua taivaalle ja
    ihhailla,
ko näkkyy satteenkaari

*K*auhia lumisaje
on taivaan tosi
ko ilima valakiana
satteesta, saje on
vanahan lumen surma
sano vaari ja kerto
ko pääsiäissä
ennen aaton kokkua
pennut maalaa munniin
korioita rantuja ja pilikkuja

Sitte syyään mämmiä
tuohiropposesta, päälle
kermamaitua ja sokeria

Valakosta lunta
se on
    pehemiää kulukia
pehemiänä mattona
oottamasa, kuhtumasa
    laskeen mäkiä
tupsahtaan turvalleen
    liukastuun liu'usa

ennen aura-autua
pittää kahalata
metrisesä hangesa

ootella tien poskesa
kouluautua,
    vahata
    tulleeko linkkua

kylän raitilla on puhasta
lumi hetken vitivalakosta
puitten oksat mutkalla
tykkylumen painosta
    lissää pelekua
    jos katkiaa, tullee vahinkua

O n se melekosen leviä
tuo hiekkarannan kaistale
kilometri tolokulla saa kävellä
eikä lopu hevillä

Tullee Kalajoen Särkät mieleen.

Kanarian hiekolla on komiat dyynit
Kalajoella ne Lyylit,
ko juhulaan ihtensä pynttää
siinä etelän Rositat ei taho riittää

Makuasioita.

Etelän Hitalkoja naiset kiittää
eihän sitä tosi mies voi tietää
että kimallusta olla pittää
jotta kotimainen kilipailuun riittää

Olipa miten oli

Kivahan se on talavella
etelän rannalla maata ja oleskella
ja jos oikeen ossuu kohalleen
niin kotimaasa kesälä

polskutella

*K*omia on taivas
   etelässä
   sinisempi ko Suomesa
ja pilivet on korkiat
ettei ylintä nävy

Meresä on
monenlaista kallaa
haita ja vallaita
ja komiasti vesi vahtuaa
ko aallot lyö rantaan

Ja hietaa piisaa

ko Särkillä ikkään

*K*o lempiä tuuli puhaltaa
voi kevväästä nauttia
on lämpyä ilimasa
ja syvämesä
ko onnen linnut laulaa
lumiki sullaa nopiaan

Akkunan alla kukkapenkisä
tuluppaanit nousee

Pihakoivu pukkaa hiirenkorvia
pihilaja notkuu tilhistä ja
eellisen vuojen marjoista
runkua pitkin kiipiää
kevvään herättämät kusiaiset

Voi tätä ilua
sitä jaksaa vahata
alavariisa
vaikka heti aamusta

Nouse pystöön ja
kahto koriaa luontua
hiirenkorvia koivusa
ja kuusenkerkkiä kuusesa
ko lopettaa tuomi kukkimisensa
on nuppeja pihilajasa
ennen juhannusta

Kahto akkoja torilla
raataamasa heinän tevosta
entisaikona, nyt ukkoja
on istumasa kahavilasa
kirkolla

ko kakarat katos kartanolta
aikusiksi rupesivat
pykkäämään omia pentuja
nekin jo koulusa ja kohta ripillä
ko mummu ja pappa
avittaa ommaa menua
sauvakävelyllä

Mikäpä täsä on ellää
ja menneitä muistella
ja juhulan tullen
syyvä pepua

R apakunnosa
reppu seliäsä
kiipiän mäjen syrijäsä
tihiäsä mehtäsä

Kiipiän kapiaa polokua
kohti huippua
josta näkkyy ettäälle
soijen yli salloille

Pukkaa pintaan hikiä
valluu pitkin selekäpiitä
ja ohtalta
tippoja saappaalle

Ko huipulle ehin
repusta kaivan termarin
ja ryystän mukista
mustan kahavin

Sitte vaan kahtelen
kauan ja kauas
ihhailen mehtien viheriää
ja soitten ruskiaa oranssia
Iliman kiirettä
    on aikaa
happia kehkohin vettää
ja hönkiä

Sumusena aamuna
pilikistää pilivistä
himmiää valua
ko kaste kelluu
ruvispellosa, tähkisä
kimaltaa pisaroina

ennustaa elokuuta keltanen
väri ja pulliat jyvät korsisa

Vihineet kiiltelee
auringon valosa
    komia päivä tulosa
vielä pittää oottaa
puintia

Vareksella puuhansa
lajon katolla

*R*upiaa olleen paarmoja
niitulla
ko raatokärväsiä
kalan raajon kimpusa

Usiasti ihimettellee
mistä ne ossaa
osua aina kohalle
ko ruma sana, kuhtumata

Kessää
täyvvellistä kessää pittää
kärväsiä, paarmoja, hyttysiä
ja nuijapäitä lammesa
kakarat niitä vahtaamasa

Oon vanaha
vahtaan niitä akkunasa
muistoisa tahon uuvestaan ellää
hetket pentuna
kotipihasa

*L*eviä tie
vie punasen kuun sivu
näkkyy kokonainen taivas
tähistä kirkas
ennustaa komiaa aamun tulua

kuhan sumu hälävenee
näkkee sata hehtaaria
keltasta elopeltua
täyvvesä tähkäsä
oottamasa puintia

Isännän ruppi on kipiä
ronkkia kolottaa
pittää ottaa tukia,
kävelyä auttaa keppeillä
ei ny jouvva oleen petillä

rattori oottaa kartanolla

Kiipiää vanaha pukille
vilikuttaa huolestuneelle akalle
joka vahtaa menua akkunasa
on seki jo vanaha ja kumarasa

Ajjaa ukko kohti peltua,
on vilija puitava
ruvis talteen otettava
on sitte limppua talavella

*P*elekäsin outua ääntä
kevvään korvilla
kovvaa melua suolla
ja mehtäsä, kotona

Ei oo mittään tolokkua
rustata äänivalleja
ko sammaa huutua
pittää tuvasaki kuunnella

Panin tulupat korviin
etten kuule kuorsausta
ympäri vuojen
makkuuhuoneesta

Ko yhestä pääsee
toinen alakaa...

Nyt kevväällä
alako karhu murista
herrää talaviunilta
ja ukko eelleen kuorsaa
kamarissa ko ois
sota alakamasa

Kuluman takana
kulumakapakka ja
kuluma seliäsä
istumista estämäsä

Pittää seisua
tiskin vieresä ootella
juuvva kolopakosta
halapoja juomia

Ko tänne tulimma
otimma vähä pohojia
kotipolttosta, kilijua
ja sahtia

Terästi se olua
nyt tullee solokenaan juttua,
raataan ko parraat ja
hoksaan ko narraat

Kulumakapakasa raataamasa
tapa kerran vuojesa

Outua juttua
raataavat kylisä,
en ees kehtaa kertua
häpiänpuna hiipii ohtaan
ko punaset kartiinit
kamarin akkunaan
piilottammaan
surkiat rupit
ennen maata panua

Juorusa kertovat
ettei talosa oo sähkyä
ko pimiäsä touhuavat

Olivat hoksanneet
kynttelikön akkunalla
vunteeraavat porukalla
onko akka kotosalla
vai onko ukolla uusi
eihän vanahat
nuin elä pimiäsä ja
pelekällä kynttilän valon
romantiikalla
................no mikä ettei

S ietää kahtua
ja oottaa

olla pitkämielinen

iliman
että ääntään korottaa

sitä se on
kakaroitten kans

hittauven tehon
penikat hoksaa

jos
niitä hoputtaa

Kulukee ko kulukukissa
ja mennesä menneestä naukuu
mouruaa tyhyjiä päiviä ja öitä
ilimanki olis tekemättömiä töitä

Kaivo ojjaa kerran
vaan sen verran
että saa sanua
teheneensä

Laiskuuven ylistys koko mies
vetelyyven perikuva
iliman häpiän häivää
esikuva
ko lahana venneen pohojalla

Virkku se on
sapuskan perrään
ei niin sikiää unta
etteikö siittä herrää
ko ruokakello pärrää

On se ahkera yhesä asiasa

Syöjesä

*T*yhyjä pää
toistaa onttua sanomaa
hokkee kerta toisensa perrään
hyvvää joulua
ko Heleppo-Heikki

se tarijuaa tunnelmaa halavalla

Kinkun kärysä
on hyvä huuvvella
ja osattomien mahan murinoilla ilikkua
ko ihte saa syyä kystä kyllä

Lahajat on kumminki
kaikille samat
lumi sattaa kinoksiin
varattomanki ovelle
ja pakanen paukkuu nurkisa
luppaa kysymätä

*L*ihavuuteen taipuvainen
 on kotimainen
 vehenänisun syöjä
joka poskia venyttäin
 ahamii pullan
toisensa jäläkeen

Oikia herkkuperse
 aina makian perrään

Hillomunkki
Possu
Kampanisu
Kermakakku
Keksi
Pullapitko
Pipari

Ompa jonua
herkkuin luona

suklaa, tikkari, irtokarkit, laku, marmelaati ja pu-
su

Oottamasa
läski
karijalanpaisti
ja pepu

Mulukasin vihasena
lehesä ollutta juttua
punasista ja valakosista

Joko ne taas
alakaa jaakaamaan
historian tosia mokia

Kahtoin tarkemmin
otsikon alle
kyse oliki pottuista

Oottavat huonua satua
eivät tykkää satteista
Siikli ja Rosamunda

Rukkoilee se
rukkoilee
eilen veisas
raatas viisauksia
laulo mehtän kaajosta
ja salaojista

Aamulla polovistu
pani paan alle
puita, isoja halakoja

hakkas pilikkeitä
kauhian läjän
ko lopetti
nosti käjet
kohti taivasta

Uskoo se
uskoo

Hyvä mies
hyvä sillon akka
hyvät kakarat
ja hevone

vertaansa vailla

ja rukkoilee
rukkoilee se
lottovoittua

Viilikasin olokani yli
vahingosa hoksasin
oot tulosa kohti
askelia kiirehin ja
mihin se johti

Pelekotillaan polovilleen
sun etteen

Elämä olis heleppua
jos ei ois nuita dokuja
helevetin ja
perkeleen huutajia

Syvän kurkusa aina
ootan perijantaita

Sanovat
ilo iliman viinaa
on teeskentelyä

Minä nauroin
veet silimisä
viinattomia kyyneliä

Silimät summeina
kuuntelin puhheita
rosenttien onnesta

Istun ja pohin
ko kansa kaivo
olutkassejaan

...ja itkee kuin surkiaa
ko kaikki on saatua

Ei tarvi
Virroon ennää reisata.

Oottajan aika on pitkä,
kohta pitäs
tamman tulla, vettää
rekiä ko rattori

Ootamma sen tulua
ja koitamma saaja
pölökyt kyytiin ja
kartanolla pinnoon

Pinua saa sitte vuojen
aikana sahhailla, halakua
ja pilikkua takkapuiksi
ja poltella

Helepottaa arkia
ja pyhhää ko on puut
lajosa valamiina

ollaan kotona
ko savu piisistä nousee

Ko on lehemän aivot
tullee tyhymä olo
vaikka on mullivasikka
eikä elosta mittään tolokkua

Aikoo sitä ja tätä
kahtoo suurilla silimillä
ja yrittää sanua, että
tykkää kaikista
vuojen ajoista

Kevväällä mieli on sekasin
kesällä yhtä heinäpeltua
kahalaa ko järviä
elokuusa vilijat polovisa
ennen syksyn kyntyä
ja talaven pakasia

Niin on yksinkertasta
elämänkiertua
ellää ja ymmärtää
niilläki aivoilla ja kahtua
silimillä jokka
on ko lehemällä

Kulumat kurtusa
pittää nokan vartta pitkin kahtua
ko on niin lyhynokkanen
ei kovin pitkälle näje
suuttuuki ennen ko
ehtii mittää sanua

On meillä suvusa
raataajia ja tarinan kertojia
vaan mun kohalla
tais jakokärry mennä
nopiasti ohi
antovat kynän
ja sanovat
kirijota

Panivat rusetin solomuun
jotta muistan
että ruutuvihosa on
muutama sivu vielä vappaa

Ei tohi suuttua
ruttuja ohtalta oikua
kahtua nokanvartta pitkin vaan

*I*stun vain ja ootan
jotta se tulis

Inspiraatio

Tampereella tullee nysse
minulle tuli sana kato
kato ny se tyhyjä rivi täsä alla

ei se seleviä kahtomalla
mitä sanua aikoo
tyhyjiä rivejä laukoo
vai pittääkö taukoo

Ehkä niin, vunteeraa.

Voi yhen kerran
vai oisko alavariinsa
ko katteus iskee

Keltasta talua rakensi
naapuri talakoilla
ja minä räknäsin
ja noijjuin
ko niin tuli halavemmaksi

Ennen katot pantiin pärreistä
ja rästäät sai tippua vettä,
nyt on korijoita kouruja ja torvia
peltikattoilta vettä kerräämäsä

Tuosta katteuvesta luullaan
että on heleppo juttu
vaan ilikiäksi sen tekkee
alituinen vähemmyyen tunne

On naapurisa niin komiaa
ja meillä vieläki katot pärreistä
ja seinät maalaamata

Sitä komiammalta se näyttää
mitä pimiämmällä kahtoo
sullaa nisunvuojekki
vyötäröllä ohuviksi

En oo niin rummaa ruppia
ennen nähäny
etteikö tuo pimiäsä
komialta näytä

Miten ne sormekki sen
ohuena tuntee?

Taijamma olla isoja
mitä usiampi, sen komiampi
eikä nuisa ruttuisakkaan
olla vähällä päästy

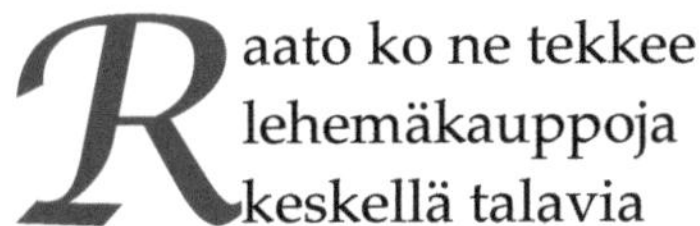

Raato ko ne tekkee
lehemäkauppoja
keskellä talavia

Naapurin akka lähti
ja heti tuli
uus tilalle

Sielä se kartanolla
luualla lunta huiskii
polokua tekkee leviämmäksi

Mikä ihime se on
ko on ihtekki leviä
ko pohojanmaan lakkeus

On siinä luualla töitä

Rummuuvesa mitataan
sietämisen kevveys
kahtomisen mukavuus
ja naapurin katteus

Rykäs isäntä
ja niisti komian nokan
hymmyili
hampaattoman huomenen

En kehannu sanua mittään
ko vahtas kulumakarvain alta
ahaneesti ohi kulukevaa
perrää

Naamasta viis
hommiin siis
ja seivästä peltoon

ko on heinäaika

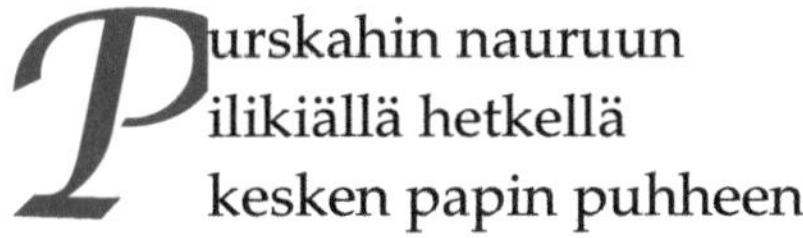

Purskahin nauruun
ilikiällä hetkellä
kesken papin puhheen

Tyrskähin räkäsesti
nästyykin täyvven
viheriää

Noluahan se, juhulasa
on räkiä, mutta minkäs teet
ko kutittaa

Ei siinä mittään
pappikin rupes hihittään
kyyneliä silimisään, selittää

Huumoria, huumoria
elämäsä tarvitaan
ja nästyykikin on paikallaan

ko oikein riemuitaan
räkätauvvistaki selevitään

Korijas pöyvvällä hopioita
rykäs kerran ja alako
ehtoollista valamistaa

Mikkään ei oo muuttunu
ko tehhään
maalla ja kaupungisa
lehemäkauppoja

Joskus kahtottiin
hevosen suusta hampaita
ja lehemän maijjosta
rasvarosentteja

ny avvaillaan autojen ovia
ja räknätään hevosvoimia
mittään ei tarvihte osata
on joka asialla mittari kojetaulusa
perruuttaaki saa automaatilla
ajjaisa peltilehemän automatiikka
seuraa tien reunoja

voi kauhia
vilikkuva kuva mittarisa
rekaisa ropleema

vaatii huoltua

ei ihte saa koskia
sannoo automatiikka

pittää käyttää hinnausautua

se on jo tulosa!

Ylypeyttä äänesä
se sano pöyvän ääresä
rakkauven teheneen
(vähäsen) hölömöksi

On tullu ilua tuppaan
ja toiveita kamariin
ko kaks kyhynää
rupiaa olleen ihanaa

Jännityksellä ootamma
mitä on tulosa
sitäkin ko kehtua
kohta heilutamma

Istun köökisä ja ootan
sitä aamusa ko
pikkusen parku kuuluu kamarista
ja akka antaa kakaralle tissimaitua

Sitäkin vunteeraan
josko usiampaa
sais kahtella
ja polovella kiikutella

Ois sitte vanahana
sukutaulusa mitä tarkastella
ja kakaroitten kakaroitten määrää
kauhistella - rakkauvella

En oo elläisä
pelijästyny niin ko eilen
ko nousin pystöön
ja kahtoin peilistä
ommaa kuvvaa

kauhiampi se on
ihan hirviä
ko ite piru

ko sitä kahtoo
pelekää että mennee
päänuppi sevon.

nyt pannee juoksuksi
että kerkiää karkuun
saa ruppi kyytiä

On hajettava
uusi peili kaupasta

Valavotun yön jäläkeen
tullee keheno päivä
ahteriaan myöjen hijas
ko pittää kulukia
silimät punasina ja
vahata etteensä
ettei putua ojjaan

leviältä tieltä

aattelin jotta
välttipellolla se olis
keheno kulukia
mutta hoksasin
tuosa on
oikonen mehtäpoloku
jota pääsee kottiin

Mutta mikä kiirus täsä
vastasa on kumminki
kiukkunen akka
ja tiijän se sannoo
ja on topakka

Ehtiihän sitä

kierränpä
mehtälajon
kautta

Sannoit
viheriä pallaa
sannoit

ala ajjaa
sannoit

liika myöhään

en kerenny

unohuin kahtoon
sieviä käsiäsi
sormien herkkää otetta
reisille kohonneesta
hammeen helemasta

torvet soivat
kiukkua hittaalle
minulle
minusta ne soivat
ylistystä kauneuvelle

vielä kerkiämmä
seuraavilla viheriöillä

*L*empiä se on
    lempiä ja komia
    jokkaisen akan unelma vävy

vaan minkä teki
nuolasi lehemän turpaa
ja sano

"Unelma morsian mulla ko
pussaa koko naaman
märiäksi ja kielellä lippoo"

ei taijja olla
asiat kohallaan

hutikasa vävyehokas
ihan änkyräkännisä
mokoma juoppo

vaan komia se on
anopin kahtella
vävyehokasta

johan nyt toki

ja lempiä
lempiä se on
eikä yhtään häpiä

Kahtoin kellua
ajan menua ihimetellen
hittaasti kuluki
viisarit ympyräsä

Oli se jännä ootella
ko jäneksen seliäsä
on tottunu ellään

Räknäsin
ne vähät minnuutit
vartissa oomma
hoitanu hommat
loppuiäksi

Nyt huutaa pentu
korisa

*P*elekua
sitä ihtiä jäytävää pelekua
saatamma salata
muille kertua
ettei pelota
ko pimiäsä uösä
kulijetaan kauhusta tönkkönä
ja hymmyillään
yritetään olla rohkeita
pelekua hillitä ja
pijätellä vapinoita
selevitä
porstuan valloihin asti

Kylymää menua
sannoit
lyyään vetua
pakasella kusikin
voi jäätyä kaarelle

Pijettiin siittä ilua
kahen kesken melua
ja noijuttiin
lauhaa talavia
ko ei päästy
käytännösä
kokkeileen

Nyt ootamma
kunnon talavia

Könysin kylykeen
leviä kapian viereen
ja kahtoin, kahtoin silimiin
ko taivaan sinneen,
peilikuvvaa tillitin
ja uskoin ko sannoit

Sannoit,
leviä elämä
on kapian tien pääsä
kerrostalosa kirkolla

NARRASIT

ei oo leviä
muu ko minä

*R*upiaa tyhymää tympimään
ko viisaus katuaa
eikä loista ko luuvalo

Kävimmä jo melekeen perillä
ko oli vanahan pakko palata

on nuita vahahuuvven vaivoja
joita ei kestä kilometritolokulla

Saan suoraan sanua:

Piti käyvä puskasa

*P*öyväsä kolome jalakaa
ja pyöriä hijottu kansi
josa lakattu pinta ko peili
ommaa varijua kahtua

Hämäräsä
kynttilät kattoruunusa pallaa
niistä valluu sullaa talia
sotkii pöyvän liinoja

Ruunun alla vaasisa
tusina punasia ruusuja
lahajaksi saatuja

Komioita ko kollit kuutamosa

*K*ahtelin outua kulukijaa
kahen aikaan yöllä
ko kuutamosa kuluki
Piteli sormia korvisa
pimiän menijä ja
vihelsi mennessänsä

Varjua peilisä kahtelin
ommaa naamaa vääntelin
joutesa viheltelin

Välisä torkahin ja heräsin
luulin ihtiä
ouvoksi kulukijaksi

Syvän siinä mulijahti
ko oma naama
vastaan tuijotti

elekeen uusi
ikkuinen riesa
romu

vaikka kelevollinen
vailla käyttyä
uuen tieltä
se on syrjäsä

Kauhiaa tuhulausta
ko aina uutta pittää
saaja ja kokkeilla

vanahat roikkuu nurkisa
vielä ajokunnosa

vongataan jo uusia
peltilehemien kuninkaita

mopua
autua
rattoria

Julkaistu Alavieskan Lionsien joululehdessa 2017

Joulutarina

Mökki harmajat lauvvat seinisä kyyhöttää mehtän reunasa.

Porstuan akkuna tuijottaa mustana maantien suuntaan, tolijottaa tyhyjää kartanua ja ainuaa polokua ovelta tielle. Siittä se lehemän lypsäjä on menny navettaan. Hilipassu tien yli ja karijakeittiösä kietassu huivin päänsä suojaksi.

Lehemä on poikinu. Sonnivasikka ynähtelee karsinasa. Akka lypsää, ternimaitua.

-Saajaan uunijuustua jouluna.

Pimiä aamu valakenee. Keviä lumivaippa valakasee muuten niin ankiaa maisemaa. On lapsuuven jouluaatto. Tuvasa äiti touhuaa sapuskojen kimpusa. Lipiäkallaa ja valakokastiketta, uunilihhaa ja pottupuurua. Ja jäläkiruaksi riispuurua ja sekametelisoppaa, sitä sammaa meillä juhulasa ko Vaikon Jaakolla arkina. Äiti kävi sitä Jaakolle keittämäsä, vanahalle leskimiehelle joka asu mehtän takana. Saimma pittää lehemää sen navetasa. Ja nyt aattona ois ternimaijjosta tehtyä uunijuustuaki.

Ko äiti oli luutunnu, se levitti raijjalliset räsymatot harmajaksi maalatulle kovalevylaattialle. Levyt oli hyvät, vähensivät laattian alta pyrkivää vetua.

Ovi narahtaa auki ja isä tuo kuusen sissään. Alako meijjän kakaroitten jouluhomma, kuusen koristelu. Kuusi oli mehtästä hajettu ja sulatettu porstuasa enämmistä lumista ja pantu jalakaan sen ajan tyyliin. Ihte tehyt koristeet oli värkätty erräänä iltana jouluviikolla. Reppipaperista tehtiin kuuseen punasia kelloja ja tuluppaaneja vaasiin. Olokitähet ootti ripustamista paperipussisa, jonka äiti oli tuonu tuvan pöyvvälle.
Meillä ei ollu lippurivejä kuusesa. Kynttilöitä oli, valakosia, sijottiin villalangalla oksaan. Tuona jouluna meillä oli himmeli, tehty talakoilla. Jokkainen sai tehä mitä osasi. Kivvaa hommaa. Rukkiin olijet meinas halakeilla ko olivat liika kuivia.
Ko kuusi sitte seiso komiana nurkasa, alako savusaunan lämmitys. Ratiosta kuulu joululauluja ja ootimma joulupukkia, vaikka tiejettiin ettei se tuu. Sitte piti mennä saunaan. Palijain varpain juostiin saunaan, jonka musta kita imas meijjät pimiään, mustien seinien keskelle, lauteille. Nokiisin seiniin ei passannu nojata. Mustanpuhuvat kiuvaskivet sihisivät ko isä nakkas vettä kiukaalle. Kitku kirveli vähä silimisä, mutta se oli siejettävä.
Äiti oli kesällä teheny vihtoja. Joulusaunasa sai kiltit ja pahankuriset vihtasta selekään. Tasanen läpse kuulu kartanolle asti. Saavisa oli lumensekasta vettä jota läträttiin kuumaan vetteen, jota hajettiin kartanolla olevasta paasta.

Iltapäivällä pakanen kiristy ja saunasta tullesa nipisteli varpaisa. Ranellivaatteet päällä juostiin polokua tuppaan. Maitua ja piparkakku ennen jouluruokaa teki hyvvää.
Ko oli syöty, päivä pimeni. Me kakarat ootettiin pukkia. Isä oli josaki hommisaan, niin äiti sano, mutta taisi olla pukin apuna. Uluko-ovi kolahti ja isä tuli pahavilaatikon kanssa tuppaan. Oli pukki varmaanki käyny kartanolla, tuomasa lahajat. -Ei joutanu sissään, sano isä ja alako kaivaa laatikkua ja jakkaa lahajoja.
Pian laattialla leikki kolome vanhinta viijjestä penskasta. Isä oli askarrellu vanneerista kaks autua ja nukenkärryt. Mulla oli viheriä lava-auto, velipojalla punane, sisko jo työnteli nukkea kärryisä. Niin se joulu tuli mökkiin ja sen asujille.
Ratiosa kaikui Sylvian joululaulu.

Julkaistu Alavieskan Lionsien joululehdessa 2018

Jouluturinoita

Ulukona on pimiää, on ollu jo pitkään. Ei kumminkaan aivan pimiää, sillä kuu on noussu taivaalle ja heittelee valonkajua resusten pilivien välleistä. Sen verran on valua, että talosta heijastuu pitkä varijo pihatielle ja kartiinien välistä näkkyy kirkas valoviiru akkunan alla olevaan lumipenkkaan. Se on täynnä kakaroitten kengän jäläkiä, sikin sokin. Piipusta tupruaa savua, sen kiepunta näkkyy kartanolla asti. Siinä savu heiluu ko ketunhäntä puolelta toiselle, aivan ko vilikuttas tähille.

Talon vieresä on komia kuusi. Sen oksilla on nähty monenlaista menua. Kesäsin sen runkua kiertää orava, joskus montaki. Nyt oksisa on kauhia määrä lunta. Ei kuusen alle tohi ees piilosille. Jos tullee suvikeli on pirtin kattoki vaarasa, ko tykkylumi putuaa, ihan siittä ratiosaki varotettiin. Eikä ykskään ihiminen putuavan lumen alle tykkäis osua. Aivan ko kukkaan ei ihte hoksais ,varottelevat aamusta iltaan märijän lumen uhasta. Tottahan se on, jos tullee suvikeli, niin pujotettava ne lumet on. Puut tekkee sen ihte, mutta miten ne vanahat yksin eläjät katolle kiipiää, ko eivät pysy pystösä siliälläkkään. Putuavat rästäiltä lumien mukana, jos kiipiävät.

Talavikelit on nykyään yhtä arpomista. Kunnon talavia saa ussein oottaa kevvääseen asti, eikä sittekään aina tuu kunnon pakasia. Hihtään murasille välttipelloille ei vihti mennä. Saa sitä ronkat kipiäksi vähemmälläki.

Mutta nyt on kunnon talavi, lunta aivan kauhiasti, aivan nappaan asti. Ekaluokkalaiset ko tiellä kulukee, se on yhtä tupsumarssia, ko pikkuset mennä vinttasee reppu selijäsä. Vinkiän näköstä kahtua ko tupsut vaan vilikkuu. Monen värisiä ovat ja pittää ihan arvuutella kenen piposa mikäki tupsu on. Joskus arvuuttelu tarjuaa yllätyksen ko tupsu ei ookkaan tytön tai pojan piposa, joksi luuli. Onhan se nolua tunnustaa olevasa hölömö.

On tulosa joulu, niin ko joka vuosi. Tympiän pimiän syksyn jäläkeen hetki runsauven parisa. Lumen palijouven keskellä moni noituu hikipisarat ohtalla, mutta ko tie on laastu, on kiitollinen olo.

Kynttilän valua on sitte levollista kahtua. Aatella elettyä elämää, kaikkia tehtyä ja saatua. Köyhyyenki rikkautta ja rikkauvven köyhyyttä, ko on nurkat täynnä romua. Entinen ko särkyy, heti tilalle uusi.

Aamukahavia ryystäisä sitä miettii lahajojen tekua ja ostua. Mikä on tarpeen ja mikä turhuuen turhaa. Joskus sitä rukkoilee ihtelleen lissää ymmärrystä, lahaja se olis seki. Jos oikein hyvin kävis, vois sanua, ettei muuta tarvihte ko hilijasuuen ja avarat aivot. Vähä nähäny ei palijosta ymmärrä. Raataa vaan niitä omia juttujaan. Niitäki kaskuja, joille ei kukkaan naura. Omasta mielestä ussein hörönaurun arvoset jutut saaki kuulijan naaman mutruun. Sekö pannee vihaksi.

Joulu. Tälläki kylällä se on aina tullu ja sitä on vietetty mökkeisä ja talloisa millon komiasti, millon vaatimattomasti. Kukin kykynsä mukkaan. Entisaikaan poltettiin akkunalla talikynttilöitä ja niitäki vain jouluna. Ei ollu sähkyä eikä kynttelikköjä, kuten nyt jouluvaloja kaikisa akkunoisa ja jopa kartanolla. Aattona hautuumaalla.

Rustasivat kylälle kerrostalon, sieläki on akkunat täynnä kolomi- ja viishaarasia kynttelikköjä. Kolomesa akkunasa on oikein vilikkuvalot, niin komiat, että kauas näkkyy. Kauemmaski jos ei ois mehtä välisä. Kovasti ovat muotia ja joka kaupasa niitä on tyrkyllä. Ensimmäiset jo lokakuusa pannee valot esille. Ko hävettää selitellä aikasta joulun tulua, niin kausivalloiksi kuhtuvat.

Lokakuusa kaupasa käyvesä hoksasin hyllysä

lökipullot. Oli ainaki kymmentä eri vaihtoehtua. Kyssyin mikä niistä olis hyvvää, sitä parasta makiasta pitävälle. Eipä osannu hyllyttäjä sanua, käski ostaa ja maistaa, kyllä se seleviäis niinki. Kyllä. Oikiassa oli, mutta kauhian kalliiksi kävis ostaa joka sorttia, niinpä päätin jättää oston välliin. Aattelin siltä seisomalta, että kotona pittää tehä mustaviinamamehua, kyllä se yhen lökin voittaa.

Joulu tullee ko sen aika koittaa.